VRIENDEN, VRIENDINNEN EN
DE REST VAN DE WERELD

Remco Campert

Vrienden, vriendinnen en de rest van de wereld

2012

DE BEZIGE BIJ

AMSTERDAM

Copyright © 2012 Remco Campert
Omslagontwerp Studio Jan de Boer
Omslagillustratie Willie Rodger, *Private View*, 2010 /
Private Collection / The Bridgeman Art Library
Foto auteur Anton Corbijn
Vormgeving binnenwerk Adriaan de Jonge
Druk Clausen & Bosse, Leck
ISBN 978 90 234 6888 2
NUR 303

www.debezigebij.nl

INHOUD

§

Smartlap 7
Het creatieve proces 9
De typiste die haar steentje bijdroeg 10
Begin, midden, einde 12
De handige schaar 13
De doodzieke vriend en de koebel 15
Haar verhaal kwijt 17
Twee columnisten 19
Gute Nacht Freunde 21
Even goede vrienden 23
Een koele kikker 24
De teloorgang 28
Een hecht paar 31
Kinderwens 33
Wind 35
De wijnbijschenker 37
Advocaat 40
Harde Kern 41

Vrouw zoekt boer 43
Duim en de dingen 45
Van de hak op de tak 48
De harde borstel 50
Vliegles 53
De zelfkant 60
Glaciaal 61
Het excuus 63
Twee schilderijen en een beeldhouwwerk 68
Gedicht 69
Blauw bloed 70
Voetbal 74
Roken 77
Broer en zus 80
O.B.N. 86
Meiboom 88
Het snurken van de buurman 90
Het woud en de stad 93

SMARTLAP

Ze was een werkster en had het vaak te kwaad. Boenen, dweilen en schrobben, van soggusvroeg tot savuslaat. En dan ging het zo verder. Iets met hart en smart en een gebrekkig kind in een inrichting. De vader vroeg verscheiden, o bitter lijden. Een joggie dat zijn moeder zo behoeft. In moeders oog een traan, bedroefd, terwijl ze de toiletpot een sopje geeft, dat is haar lot, zolang ze leeft.

Zo'n lied hoorde je nou nooit eens op de radio. Het ging bijna altijd over de heren der schepping met liefdesverdriet of dat ze niet meer van zee terugkwamen of dat ze snags allenig over straat dwaalden en iemand wilden tegenkomen.

Ze moest meneer er eens over aanspreken, als hij wilde luisteren. Meneer was iets hoogs bij de omroep. Onderlaatst had hij nog een schijf gewonnen. Die stond op de schoorsteenmantel en nam ze stof af. Weet je wat jij eigenlijk bent, Betje? zei hij een keer. Een interieurverzorgster, wat ze niet allemaal verzinnen! Hij moest er smakelijk om lachen. Denk maar niet dat ik je meer ga betalen omdat ze je zo noemen.

Gisteren gebeurde er iets waar ze van opkeek. Hoe ga jij altijd naar huis, Betje? Met de bus, meneer. Ik breng je wel even thuis met mijn auto, ik moet toevallig toch die kant uit, het is voor mij geen moeite. In de auto had hij zijn hand op haar dij gelegd en hij wilde verdergaan. Ze had zijn hand teruggedaan. Niet doen, meneer. Toe, Betje, ik ben heel eenzaam. 't Was waar, mevrouw had ze al weken niet gezien, ze dorst er niet naar te vragen. En meneer had natuurlijk zijn behoeftes. Maar al was ze maar een werkster, ze had haar eer. Die bleef ongeschonden, meneer de koekepeer.

HET CREATIEVE PROCES

Vijftig kinderlijkjes drijven in de recreatieruimte van de plezierboot Irina, na een aanvaring in minder dan een minuut gezonken in de Wolga, melden duikers volgens Reuters.
 Er zit een gedicht in, denkt de dichter.
 Alleen: hoe krijgt hij het boven water?

DE TYPISTE DIE HAAR STEENTJE BIJDROEG

Voor typistes was er allang geen werk meer. Sinds de komst van de computer was Hella's vak overbodig geworden, de schrijfmachine een archaïsch apparaat. De mooie diploma's, eens verworven op een befaamd opleidingsinstituut, dienden alleen nog tot wandversiering.

Hella had zich omgeschoold tot cadeauverpakster, maar ze bleef haar oude vak schrijnend missen. Het droge tikken van de machine, in dienst van de wederopbouw vlak na de oorlog, de kameraadschap met de andere typistes, de periodieke loonsverhogingen, de handen van haar baas die naar haar borsten tastten, het inzetten van een nieuw lint en daarna onder het kraantje de inkt van haar handen wassen, op een koude winterdag naar haar werk fietsen en de warmte van het kantoor in gaan, weten dat ze nuttig werk verrichtte en dat Nederland, mede dankzij haar, uit de oorlog herrees.

En de keer dat de beroemde documentairefilmer haar uitverkoos als symbool van De Typiste Die Haar Steentje Bijdraagt, omdat ze zo'n leuk snoetje had. Laatst had Hella zichzelf nog teruggezien in het tv-programma *Andere Tijden* en ze had een beetje gehuild om haar verloren vingervlugheid. Nu dreigden haar vingers te dik en te reumatisch te worden voor de cadeauverpakkingsindustrie. Nog even en ze zou ontslagen worden. Wat dan? Van Vader Drees alleen kon ze niet leven. Vader Drees was een lieve man geweest, die nog aan hetzelfde befaamde opleidingsinstituut steno had geleerd, en het ver geschopt had.

BEGIN, MIDDEN, EINDE

Er was eens een verhaal dat maar niet af raakte. Het begin stond stevig op zijn voeten, de onderbenen konden er ook mee door, maar erboven haperde er van alles, stramme knieën, onwillige dijspieren. Het midden had geen kloten, om over het einde maar niet te spreken, een schetsmatig aangegeven hoofd, lege oogkassen, mond zonder tanden.

De Maker zag dat het niet goed was. Toch besloot hij het verhaal het daglicht te laten zien. De lezer moest het ontbrekende er zelf maar bij bedenken.

DE HANDIGE SCHAAR

Als Amélie en Pieter gasten voor het avondeten hadden, mocht Pieter, terwijl zijn vrouw druk was met koken, de peterselie knippen. Bij deze bezigheden dronken ze alvast een gezellig glaasje. Tijdens hun vakantie had Amélie een speciale peterselieschaar gekocht op een marktje in Parijs, waar hij maar tien euro kostte, in plaats van de dertig euro die je ervoor moest neertellen in de huishoudwinkel bij hen om de hoek in Amsterdam.

Zeker twee keer per week hadden ze gasten, want Amélie hield van mensen en van koken en van peterselie. De Parijse schaar bestond uit vier aan elkaar geklonken scharen en het knippen ging viermaal zo snel als met een gewone schaar.

Als ze de complimenten over haar kookkunst in ontvangst nam, vergat Amélie nooit Pieter erbij te betrekken. 'Maar Pieter heeft de peterselie geknipt!' Pieter trok dan een bescheiden gezicht.

Over een jaar zou Pieter met pensioen gaan. Wat zou hij dan gaan doen? Vissen leek hem niets, net zomin als golfen of altijd maar met de kleinkinderen bezig zijn, waar Amélie zich op verheugde. Maar nu de speciale peterselieschaar in zijn leven was gekomen zag hij zijn toekomst steeds helderder voor zich. Hij zou gaan handelen in voorgeknipte peterselie.

Klein beginnen natuurlijk, thuis op het aanrecht. Afzet bij vrienden en buren. De zaak groeide, Pieter leverde een goed product. Al spoedig kon hij het niet meer alleen af. Hij huurde een grote hal en trok goedkope arbeidskrachten uit Oost-Europa aan. De faam van zijn voorgeknipte peterselie verspreidde zich over de wereld. De merknaam Pete's Pre-Cut Parsley werd een begrip. Hij reisde naar verre landen in zijn privévliegtuig om contracten af te sluiten met supermarktconcerns. In het weekend viste en golfte hij met directeuren en presidenten. Waar hij ook was, in Peking, Rio de Janeiro of New York, 's avonds in het hotel vergat hij nooit Amélie te bellen. Terwijl ze elkaar de bezigheden van de dag vertelden, hoorde hij de kleinkinderen op de achtergrond rumoeren.

DE DOODZIEKE VRIEND EN DE KOEBEL

Vanmiddag heb ik de stoute schoenen aangetrokken en mijn vriend bezocht, die thuis in bed ligt met terminale kanker. Hij zal blij zijn je te zien, zei zijn vrouw, hij is goed vandaag. Meestal is hij weg van de wereld. Ze trok de gordijnen open van de kamer waarin hij lag. Een beetje licht kan geen kwaad, zei ze. Ik laat jullie alleen. Als je iets nodig hebt, dan roep je maar. Je kunt ook dit gebruiken. Ze wees op een koebel die op een tafeltje naast het bed stond.

Mijn vriend haalde herinneringen op aan gebeurtenissen die we samen hadden meegemaakt. Gebeurtenissen van vroeger toen we jong waren en ook van later. Ik wist niet alles meer en knikte maar. De stem van mijn vriend, eerst nog helder, werd na een poosje zwakker. Hij wees naar het raam. Kijk, zei hij, daar is het. Ik keek naar buiten, maar zag niets bijzonders. Ja, inderdaad, zei ik, daar is het. Goed van je, ik zou het niet gezien hebben.

Toen zei mijn vriend iets nauwelijks hoorbaars. Ik bracht mijn gezicht bij het zijne. Hij rook naar medicijnen. Wijn, fluisterde hij. Oké, zei ik, liep naar de deur van de kamer, ging de gang op en luidde de koebel. Hij wil wijn, riep ik.

Even later kwam de vrouw van mijn vriend de kamer in met een fles wijn en drie glazen. Ik drink gezellig een glaasje mee, zei ze. Ze had haar lippen gestift en haar oneindig vermoeide ogen opgemaakt. Ze hielp mijn vriend omhoog en goot wijn tussen zijn bleke lippen. Ze keek naar me en we klonken. Na een tijdje ging ik naar huis.

Ik kan natuurlijk nog eens langsgaan bij de vrouw van mijn vriend. Hij zal wel slapen of wat daarvoor doorgaat als je kanker hebt. Mocht hij wakker worden, dan staat de koebel voor hem klaar.

HAAR VERHAAL KWIJT

Op weg naar de bakker werd Door Oldeboer op het trottoir bijna aangereden door een bakfietsmoeder. Bijna is niet half, maar toch, Door was er danig van geschrokken. 'Kijk uit, stom oud wijf,' had de bakfietsmoeder geroepen. Toen Door thuiskwam, trilde ze nog na op haar benen. Ze wilde haar verhaal kwijt, maar aan wie? Iedereen die ze kende was met vakantie. Ze kon toch moeilijk weer de straat op gaan om er onbekenden aan te spreken. Ze woonde in een buurt waar veel musea waren. In dit zomerseizoen bestonden de onbekenden voor het merendeel uit toeristen, die zich in lange rijen voor de musea hadden opgesteld of, de stuur- en remkunst nauwelijks machtig, op huurfietsen groepsgewijs door de omringende straten zwalkten. En zou ze het opbrengen het woord te richten tot buitenlanders, dan moest ze vreemde talen beheersen, anders verstonden ze haar niet. Wat was bakfietsmoeder in het Italiaans? In het Japans? Leer je talen, kind, hadden haar ouders vaak gezegd, maar dat was er nooit van gekomen, op een paar aangewaaide woordjes Engels na, zoals 'no' en 'please' en 'isn't the weather lovely today'.

Haar ouders waren eigenlijk haar pleegouders. Haar eigen ouders waren omgekomen bij die vreselijke vliegtuigramp zestig jaar geleden, toen Door zes was. Ze had een hekel aan haar pleegouders, die ze er heimelijk de schuld van gaf (zo werkt de kindergeest) dat ze geen echte ouders had. Als ze 's ochtends wakker werd, was haar kussen doorweekt van nachtelijke tranen. Een keer, ze was al een pubermeisje, stond ze op het punt om zelfmoord te plegen. Toen ze op het dak stond, schrok ze terug van de diepte van de straat.

Omdat ze het verhaal van de bakfietsmoeder niet kwijt kon en het er tóch uit wilde, besloot ze het aan het papier toe te vertrouwen, maar toen ze het had opgeschreven, bleef er weinig van over.

TWEE COLUMNISTEN

Twee bevriende columnisten, 's avonds in het café, zwijgend.

Ze schreven drie keer per week een column. Ze schreven voor elkaar beconcurrerende kranten. De ene columnist voor de ene krant, de andere voor de andere. Elke zaterdagavond troffen ze elkaar in het café. Ze hadden hun vaste tafeltje, dicht bij de deur. Om de beurt bestelden ze een rondje. Verder deden ze er het zwijgen toe. Dat begrepen ze van elkaar.

Een keer, aan het begin van hun carrière als columnist, had de ene columnist iets over het weer gezegd. Het regende of het stormde, zoiets, misschien deed het dat allebei tegelijk. Een paar dagen later bleek dat ze ieder afzonderlijk een column aan het weer hadden gewijd. Nog een geluk dat het in verschillende kranten was. Nu viel het alleen de lezer op die beide kranten las. Maar toch: dit mocht niet meer voorkomen.

Niet alleen zwegen ze, ze vermeden het ook elkaar in de ogen te kijken. Ogen waren een goed onderwerp voor een column. En ze keken er wel voor uit om hun blik lang gericht te houden op iets dat in het café aanwezig was, of het nu een mooie meid was, het glanzen van de glazen op de tapkast, de val van de gordijnen voor de ramen, de met wit krijt geschreven prijslijst aan de muur, het emaillen bordje op de deur van het toilet, de jassen aan de kapstok, de vaasjes met een bloem, het Perzische tapijtje op tafel of een bierviltje.

In alles school een column en zo bleven ze bevriend.

GUTE NACHT FREUNDE

Ook morgen gebeurt er wel iets, dat kan niet anders, tot nog toe is er elke dag wel iets gebeurd, al denk ik soms van niet, maar dan merk ik later dat er toch iets is gebeurd, het zou wel gek zijn als dat opeens ophield, was het maar vast morgen.

Nu is het nacht, zo'n beetje tussen vandaag en morgen in, of begon morgen om twaalf uur, spookuur, toen op de radio *Met het oog op morgen* afgelopen was, Gute Nacht Freunde, voor mij begint morgen als de zon opkomt, hoe laat dat is staat in de krant, maar vaak zie ik de zon niet opkomen vanwege een dik wolkendek, waaruit ook nog 's een keer regen valt in druppels of pijpenstelen.

Ik ben vergeten in de krant te kijken hoe laat de zon opkomt, dus als er wolken zijn wordt het gissen of achter die wolken de zon er al is.

Ik kan maar beter niet in slaap vallen, anders mis

ik het moment dat het morgen is en er iets gaat gebeuren, als morgen toch om twaalf uur was, is het misschien al gebeurd en heb ik het niet gemerkt omdat het tussen vandaag, dus eigenlijk gisteren, en morgen in was, of dat dacht ik tenminste.

Het kan niet anders of het is nu laat in de nacht, als ik nu in slaap val, slaap ik een gat in de dag, tijdens dat gat gebeurt er vast van alles, maar dat telt niet, iets gebeurt pas echt als ik erbij ben met mijn hoofd.

Hoe laat of hoe vroeg is het, ik zou op de klok kunnen kijken om te zien wat de juiste tijd is, mijn tijd is al in Engeland, laat staan Amerika, niet de juiste meer, de tijd, wat moet je ermee, laat het nu gebeuren.

EVEN GOEDE VRIENDEN

Ze besloten elkaar te vergeven.
 Ze schudden elkaar de hand en zeiden: even goede vrienden.
 Even, maar dan ook geen seconde langer.

EEN KOELE KIKKER

I

Laatst belde ene Oskar, die ik niet ken, mijn vriend Boris op. Boris en ik zijn vrienden sinds 's mensenheugenis. Wij zijn die mensen en kunnen het dus weten.

'Moet je horen waarover Oskar me opbelde,' zei Boris toen ik bij hem koffiedronk.

'Sorry, maar wie is Oskar?'

'Dat is waar, die ken je niet. Een vage kennis van vroeger.'

Boris had het gesprek opgenomen.

'Neem je je telefoongesprekken op? Ook die met mij?' vroeg ik.

'Van échte vrienden, zoals jij, niet. Dat zou niet chic zijn tegenover de vriendschap.'

Het gesprek ging als volgt:

'Boris? Met Oskar. Oskar Wijnballon.'

'O, die Oskar. Lang niets gehoord.'

'Ja, nou ja. Heb je gehoord van Hetty? Ik dacht, ik bel je maar even.'

'Hetty?'

'Ja, Hetty.'

'Welke Hetty?'

'Hetty met wie je vroeger was. Jouw Hetty!'

'Oskar, dat was dertig, nee veertig jaar geleden.'

'God, wat was ik jaloers toen je haar opeens kreeg. Weet je nog hoe we haar toen noemden?'

'Nee.'

'Hete Hetty.'

'Tja. Bel je me om oude herinneringen op te halen?'

'Nee, maar ik moest meteen aan jou denken. Hetty is met haar fiets in de tramrails gekomen. De tram kon nog net afremmen. Het had geen haar gescheeld.'

'Tjee. Goed afgelopen dus.'

'Dat weet ik niet. Er kwam een ambulance bij en die heeft haar meegenomen.'

'O.'

'Ik hoorde het van Eugène. Die zit altijd op het terras van De Meiden en zag het voor zijn ogen gebeuren. Hij was er helemaal overstuur van.'

'Eugène, leeft die nog? Ik wist niet dat hij Hetty kende.'

'Wie kent hij niet? Ik geloof dat ze een tijdje zijn assistente was, toen hij die kunsthandel runde.'

'Ja, dat heeft hij ook nog gedaan. Moet je horen, Oskar, er wordt gebeld. Ik moet ophangen.'

Einde gesprek.

'Het doet je weinig, hè?' zei ik.

'Ja. Het is allemaal te lang geleden.'

Een koele kikker, mijn vriend Boris.

2

Ik had er natuurlijk niets mee te maken, maar dat telefoongesprek en Boris' reactie erop bleven bij me hangen. Als mij iets overkwam, zou Boris dan ook zo reageren? Er zijn mensen die slecht tegen verdriet kunnen. Ze worden van ijs en kappen het verdriet hard af. Maar als het hem niets uitmaakte wat er met een ander gebeurde, waarom had hij me dan dat gesprek laten horen? In zijn voordeel was het niet. Diende het als voorbeeld voor mij? Dat ik me geen illusies moet maken?

Veroorloof me een kleine uitwijding. Anders dan Boris geef ik aan goede doelen. Dat vindt hij belachelijk. Het geld komt, volgens hem, in verkeerde handen terecht. Ik neem het risico maar.

Liever dat dan een schuldgevoel. Misschien wordt er toch iemand mee geholpen.

En zo overwoog ik een tijdje om erachter te zien te komen hoe het met Hetty was afgelopen. Ik zou navraag bij ziekenhuizen kunnen doen. Iemand moest zich toch om haar bekommeren?

Om de vriendschap te behouden zag ik ervan af en probeerde de hele geschiedenis uit mijn hoofd te zetten. Boris zou mijn actie als inmenging in zijn zaken beschouwen en daar nog gelijk in hebben ook. Bovendien: al te goed is buurmans gek.

Maar onze vriendschap is er niet ongeschonden uit gekomen. Al pas ik er wel voor op hem dat te laten merken.

DE TELOORGANG

Likkepot, het Kleine Ding, Lange Jaap, Ringeling en Duimelot waren broers en onafscheidelijk. Ze vormden een zanggroepje dat ze De Vrolijke Kwanten noemden. De Vrolijke Kwanten traden op in bejaardenhuizen, op jaarmarkten en tijdens carnaval. Ze schnabbelden bij in het bruiloften- en partijencircuit.

Hun grote doorbraak kwam toen ze werden uitgenodigd om op te treden in de populaire commerciële-televisieshow *Nederland kwinkeleert*. Daarna gingen ze van succes tot succes. Ze vertegenwoordigden Nederland op het Songfestival in Petegem-aan-de-Leie en wonnen het met glans. Ze konden de platina platen niet meer tellen.

Ondanks hun succes bleven ze eenvoudig. Ze hadden in limousines kunnen rijden, maar bleven bij de oude bestelbus waarmee ze ooit begonnen waren. De stamppot zoals hun oma die maakte was hun lievelingskostje, hoewel ze als ze wilden elke dag van oesters en champagne konden genieten. Ze droegen geen glitterpak, maar een sobere boerenkiel, een dracht die door hun voorbeeld nog tijdelijk in de mode raakte bij metromannen.

Op een dag reden ze terug naar hun dorpje. Ze hadden drie interviews, een signeersessie, een fotoshoot en een optreden in de Ahoyhal achter de rug. Ze waren op het toppunt van hun roem. Toch brak die dag de pleuris uit.

Terwijl ze zich, Lange Jaap achter het stuur, in het rammelende busje met slechte vering voortspoedden over de Nederlandse binnenwegen, klonk Duimelots vermoeide verzuchting: 'Naar bed, naar bed.' De anderen knikten instemmend. Allen verlangden naar hun bedstee. Morgen was het weer vroeg dag.

'Maar eerst nog wat eten,' zei Likkepot.

'Waar zullen we het halen?' vroeg Lange Jaap zich af. Het was al laat in de avond en tegen de tijd dat ze aankwamen zou de plaatselijke snackbar gesloten zijn. Ringeling kreeg een lumineus idee.

'In grootmoeders kastje!'

Natuurlijk! Daar stond altijd wel iets eetbaars in.

Maar toen ontsnapten het Kleine Ding, voor hij het zelf wist, de fatale woorden: 'Dat ga ik zeggen!'

Grote consternatie in het busje. Lange Jaap verloor bijna de macht over het stuur. Aan verklikken hadden de broers altijd een broertje dood gehad. En hoezeer het Kleine Ding ook bezwoer dat hij het zo niet bedoeld had, hij had hun vertrouwen verloren en ze besloten om zonder hem met hun zanggroepje verder te gaan.

Na een paar optredens merkten ze dat ze zonder het Kleine Ding geen vuist konden maken. Er ontbrak iets aan de gebalde spankracht van hun zingen en dat bleef ook bij hun publiek niet onopgemerkt. De Vrolijke Kwanten kregen steeds minder handen op elkaar. Ze probeerden het nog even met een vervanger, Grote Teen, maar het was niet meer als vroeger. Grote Teen stond te ver van hen af. Op het laatst trokken ze geen publiek meer en zo kwam er een einde aan De Vrolijke Kwanten.

EEN HECHT PAAR

§

Er dreigde ruzie. Daan had iets gedaan dat Ellen niet beviel. Het kon ook wel andersom zijn. Ze keken elkaar aan, klaar om los te barsten.

'Ach, laat ook maar,' zei Daan. 'Wat heeft het voor zin om hier met z'n tweeën ruzie te gaan zitten maken? Het eindigt altijd met een verzoening, dus kunnen we die ruzie net zo goed niet maken. Dat bespaart een hoop nodeloze opwinding. Het ene woord lokt het andere uit. Het gaat erom dat ene woord gewoon niet te zeggen. Even later ben je alweer vergeten waarover je ruzie wilde maken. Het ingeslikte woord lost snel op.'

'Ruziemaken met elkaar heeft alleen zin als er publiek bij is,' zei Ellen. 'Rien en Elmar waren een ideaal publiek. Die hadden aandacht voor ons geketter. Ze vormden een soort jury, waarvoor we ons gelijk moesten bewijzen. We deden ons best ze te overtuigen. Eendrachtig gingen we tekeer.

We wisten precies van elkaar wat we zouden gaan zeggen.'

'Eigenlijk traden we samengesmeed op. Een hecht paar, alleen in het negatieve. En aan de andere kant Rien en Elmar. Wij tegen zij,' zei Daan.

'We hebben ze al een tijd niet gezien. Moeten we ze niet weer eens uitnodigen?' vroeg Ellen.

'Goed idee,' zei Daan.

Ze belden Rien en Elmar op en maakten een afspraak voor een volgende ruzie.

KINDERWENS

zondag. Ik ga een dagboek beginnen. Dat ben ik dus nu begonnen. Het lijkt me interessant om op te schrijven wat ik zo op een dag meemaak voor later en voor de kinderen. Ik heb geen kinderen, maar die komen wel als ik een man heb. Mijn kinderwens is groot. Vandaag niets meegemaakt, maar daar is het dan ook zondag voor. Morgen weer naar mijn werk in het knuffeldierenatelier. Nu ga ik slapen.

maandag. Twee knuffeldieren gemaakt. Bedrijfsleidster Mieke tevreden, ik niet helemaal. De beer zakt steeds scheef, de staart van het poesje hangt er slap bij. Toen ik na gedaan werk naar huis liep, botste ik tegen een man op. 'Hé gore kut, kijk uit waar je loopt.' Dat had wel wat minder gekund. Leek me niet geschikt als vader van mijn kinderen. Spaghetti van gisteren opgewarmd. Daarna film op televisie gezien met George Clooney. Die heeft vast al iemand.

dinsdag. Hard gewerkt aan order voor knuffelolifanten. Ik doe het lijf, collega Wim de slurven. Na het werk nog iets gedronken met Wim. Wim zou geschikt zijn als vader, maar hij is homoseksueel. Mijn pech weer. Thuisgekomen ontdekte ik dat het dak van de zolderkamer lekt. Niet vergeten morgen loodgieter te bellen.

woensdag. Twee knuffelmarmotten en een knuffelgiraffe. Moeite met de nek van de laatste, die steeds knakte, maar ten slotte, ik had het al bijna opgegeven, kreeg ik hem stijf. Morgenochtend vrij genomen, in verband met komst loodgieter. O, eindelijk een kindje in mijn armen te houden, wanneer?

donderdag. Loodgieter geknuffeld, maar hij kreeg hem niet omhoog. Hoefde dakreparatie niet te betalen.

vrijdag. Aan gigantische knuffelregenworm begonnen voor een tuincentrum. En stiekem, als Mieke even niet oplet, werk ik aan een knuffelbaby. Wim doet het piemeltje.

WIND

§

's Nachts begon het te stormen. De wind bonsde tegen de ramen. Ergens in huis klonk geknal.
'Het zolderraam staat open,' zei Louise. Blaise verliet met tegenzin hun warme bed, liep de trap op en sloot het zolderraam. Toen hij terugkeerde stond Louise naast het bed.
'Ik vind het eng,' zei ze.
De wind spookte, gierde, bulderde.
Ze gingen naar de keuken, nu ze toch wakker waren, en dronken een kop koffie. Louise zat er stilletjes bij.
'Wat is er met je?' vroeg Blaise.
'Ik ben bang,' zei Louise.
'Het is maar wind,' zei Blaise.
Het keukenraam vloog open. De wind tolde door de keuken, serviesgoed viel op de vloer in scherven, pannen zwaaiden aan hun haakjes. De wind liet zich pas na hevig verzet te hebben geboden weer door Blaise buitensluiten.

'Het is alsof de hele wereld met al z'n ellende binnenwaait,' zei Louise.

'Doe niet zo dramatisch,' zei Blaise.

Louise keek hem met nietsziende ogen aan. 'Alles laat los,' zei ze.

'Veeg liever de scherven op,' zei Blaise.

Louise antwoordde niet.

De wind ging liggen. Het werd verschrikkelijk stil.

De volgende ochtend op zijn werk begon Blaise over de storm. Zijn kantoorgenoten keken hem verbaasd aan. Storm? Het was hun niet opgevallen.

'Niets van gemerkt. En ik was de hele nacht op vanwege buikloop,' zei collega Mark, die nota bene bij hem in de straat woonde.

Was hij nu gek of zij?

Toen Blaise thuiskwam was het huis leeg. Geen spoor van Louise te bekennen, op een briefje na dat op tafel lag. 'Ik wil scheiden. Louise.'

De wind kwam nu van alle kanten op hem af.

DE WIJNBIJSCHENKER

§

Er was in het eensterrestaurant ook een ober die over de wijn ging. Hij was al oud en heette Maurits. Hij ontkurkte de flessen en schonk in. Eerst een kleine hoeveelheid, zodat de gast die de wijn had besteld kon proeven of de wijn naar wens was. Dat was bijna altijd het geval. De meeste gasten waren niet zulke fijnproevers, maar hielden ervan om zich tegenover hun tafelgenote(n) als kenner voor te doen. Die kans gaf hij ze. Na hun goedkeurend knikje schonk Maurits de glazen vol.

Een heel enkele keer kwam het voor dat iemand vond dat de wijn naar kurk smaakte. Maurits trok dan in opperste verbazing zijn wenkbrauwen hoog op, rook aan de fles en trok een gezicht waarin twijfel over het reukvermogen van de gast te lezen viel. Met een licht schouderophalen haalde hij een nieuwe fles, want de klant had natuurlijk altijd gelijk. Die nieuwe fles smaakte misschien ook naar kurk, maar de gast was te geïntimideerd om opnieuw tot weigering over te gaan. De afgewezen fles verdween in de keuken, waar de kok hem gebruikte voor de boeuf bourguignon.

Op een gegeven moment ging het restaurant over in andere handen. De nieuwe directie besloot tot grootscheepse renovatie. Er werd ingrijpend verbouwd, zelfs zo dat de oude klandizie de zaak nauwelijks meer herkende. Men mikte op een jonge generatie met meer geld en minder smaak. De oude garde van het personeel kreeg de bons, op Maurits na. Jonge meisjes met blote, blonde gezichten kwamen voor hen in de plaats. De meisjes kwamen vaak naar de tafeltjes terug om te vragen wat de gast ook alweer besteld had.

Maurits kreeg de opdracht zoveel mogelijk van de wijn te slijten, die in dit restaurant geen vijf, maar zes keer over de kop ging. Daartoe diende hij de glazen voortdurend bij te schenken, ook al waren ze nog halfvol. Onder scherp toeziend oog van de gerant repte hij zich van tafeltje tot tafeltje. Hij voerde zijn taak zo goed uit dat de gasten vaak al tussen amuse en voorgerecht in kennelijke staat verkeerden.

Niet alle gasten waren aanhangers van de bijschenktheorie, zoals door Maurits in praktijk gebracht. Ze wensten de dosering van het druivennat zelf te bepalen. Als Maurits kwam aangesneld hielden ze hun hand boven het glas.

Een keer schonk hij in zijn nerveuze vaart, zijn aandacht alweer bij het volgende tafeltje, de wijn over de weigerende hand van de gast heen. Deze gast was een inspecteur van de *Guide Michelin*. Bij de nieuwe druk van de *Guide* bleek het restaurant zijn ene ster verloren te hebben en daarmee was het veel gasten kwijtgeraakt.

De zaak verliep. Veel personeel werd de laan uit gestuurd. Behalve Maurits. Die bracht zijn geld wel op, vond de directie.

ADVOCAAT

Een succesvol advocaat van kwade zaken kreeg een keer een goede zaak toegewezen.

Met een goede zaak wist hij niet goed raad. Het verdedigen ervan kon in bepaalde kringen zijn reputatie schaden.

Hij nam zijn cliënt mee naar het café en voerde hem dronken. De cliënt stapte in zijn auto, gaf gas en overreed een oude dame op het zebrapad.

Nu kon de advocaat zijn cliënt verdedigen.

HARDE KERN

§

Er heerste al een tijd onrust in de gelederen van de Harde Hoorspel Kern. De omroep zond te veel hoorspelen uit, gebaseerd op romans van hoog literair gehalte, die voornamelijk uit tekst bestonden. Qua geluid viel er weinig te beleven. Soms glazen die rinkelden, een deur die dichtklapte, een stoel die omviel, getsjilp van vogels als een scène zich in de natuur afspeelde, maar dan had je het wel gehad. De acteurs die bedreven waren in het uitspreken van teksten konden gloriëren, maar voor de Harde Kern was er weinig te doen. Die kreeg steeds meer het idee dat ze bewust buiten de studio werd gehouden, wat woede en verbittering tot gevolg had.

Op een dag barstte de bom. Een actiecomité van Harde-Kernleden, aangevoerd door voorzitter Dennis van Amsterdam, reisde af naar het Mediapark en bezette, na een kort handgemeen met de Beveiliging, de hoorspelstudio. Daar werd juist *Van de stilte en de dood*, naar de roman van Louise van Balmen, opgenomen, een hoorspel met heel veel tekst en slechts één geluid: het ploffen van scheppen zand op een lijkkist.

Nadat de Harde Kern de aanwezige apparatuur had vernietigd, legde Dennis van Amsterdam hun eisen voor aan de doodsbleke regisseur, in een hoek van de studio samengedreven met de tekstacteurs. Tot de eisen behoorden:

Het bij elke uitzending voortaan verplicht ten gehore brengen van
– politie-, brandweer- en ambulancesirenes
– spreekkoren waarin de woorden kanker en tyfus
– diverse soorten bommen
– het gekerm van een voor zijn ballen geschopte grensrechter.

Dit alles gebaseerd op een bewerking van het nog te schrijven non-fictieboek *De ondergang van Ajax*.

VROUW ZOEKT BOER

§

vrijdag. De hele dag rooide het keuterboertje de suikerbieten.

zaterdag. Het keuterboertje molk de koe. De zon neigde al ter kimme toen hij het laatste vrachtje suikerbieten in de bietenkuil stortte.

Het werk was gedaan. Hij legde de kruiwagen omgekeerd op de grond. Het wiel draaide nog even door. Het kwam tot stilstand en er heerste rust op het erf.

Hij zocht vroeg de bedstee op.

zondag. Het keuterboertje molk de koe.

Hij ging ter kerke, dronk een borreltje in het dorpscafé en maakte een praatje.

'Heb je de bieten al binnen?'

Ja, hij had de bieten al binnen.

Teruggekeerd op de hoeve zette hij de melkbus aan de weg. Hij at een prak, keek televisie, en zocht de bedstee op.

Midden in de nacht werd er op de deur gebonsd. In zijn jaegerondergoed deed hij open.

Het was dat vrouwmens van de televisie. Hijgend ontblootte ze haar borsten.

'Nu wil ik ook wel eens een beurt,' zei ze.

Hij gaf haar twee goede beurten.

Daarna molk hij de koe en begon hij de sloot uit te diepen.

DUIM EN DE DINGEN

§

Dat hij vergeten was de zak met broodkruimels van huis mee te nemen, drong pas tot hem door toen hij al een heel eind in het bos was. Vergeetachtigheid speelde hem de laatste tijd wel vaker parten. Hij werd er niet jonger op. Onlangs had hij het er nog met Doornroosje over gehad, maar ze had het maar gezeur gevonden en was van verveling in slaap gevallen. Dit gaf hem de unieke kans haar te kussen, iets waar hij altijd naar verlangd had. Dan maar meteen goed ook. Hij boog zich over haar heen en stak zijn tong langdurig in haar mond. Gelukkig was ze er niet wakker van geworden.

Nu hij geen spoor van broodkruimels achter zich had gelaten, zat het er dik in dat hij de weg terug naar huis niet vinden zou en alleen maar dieper in het bos verdwaalde. Zijn oriëntatievermogen was nooit groot geweest. Hij besloot erbij te gaan zitten en nestelde zich op een peluwtje van mos dat enig comfort bood voor zijn magere billen. Misschien kwam er iemand langs die hij de weg kon vragen. Sneeuwwitje bijvoorbeeld, dacht hij wellustig. God, wat zou hij die graag bevlekken. Maar ja, die had altijd die verdomde zeven dwergen bij zich. Of Hans en Grietje, maar dan zonder Hans. Assepoes mocht ook. Hij droomde weg in erotische fantasieën, tot hij opschrok door een stem.

'Duim, wat doe jíj hier?'

Het was Roodkapje. Ze had een mandje bij zich. Op haar had hij ook wel eens een begerig oog laten vallen.

'Het klinkt lullig, maar ik ben de weg naar huis kwijt,' zei hij. 'Wil jij me niet thuisbrengen?'

Dan zou hij haar binnen vragen en de fles zelfgestookte brandnetelbrandewijn ontkurken en wie weet...

'Sorry, ik heb geen tijd. Ik moet mijn zieke oma eten brengen,' zei Roodkapje. Ze wees op haar mandje en haastte zich verder. Ze was niet erg gesteld op Duim, die ze maar een klef kereltje vond.

Later, het begon al donker te worden, kwam de jager langs. Wilde die hem, alstublieft, alstublieft, naar huis brengen?

De jager keek op zijn horloge. 'Nou, vlug dan. Ik moet nog ergens anders naartoe.'

De volgende dag hoorde Duim op de bosradio twee berichten. Roodkapje was door een boze wolf verslonden en de jager was oneervol ontslagen.

Tja, zo gaan die dingen.

VAN DE HAK OP DE TAK

§

In het oude bosch trapte hak op de dode tak. De tak knapte met een droog geluidje. Het was een bevredigend geluidje en het gaf hak een gevoel van macht.

Met punt, zool, bovenleer en veter vormde hak een van de twee schoenen – de rechter – die gedragen werden door de jonker, die de werkelijke macht had.

Hak was slechts de uitvoerende macht.

Het knappen van de dode tak bracht de jonker, die oud was, terug bij de onbezorgde jaren van zijn jeugd, toen hij menig tak had geknapt in hetzelfde bosch, dat in die prille tijd nog een bos was, zonder letters die overbodig waren, omdat je ze toch niet uitsprak.

Wie was *je*? *Je* was een de jonker onbekende, boven hem gestelde macht, die zijn leven bestuurde. *Je* liet takken knappen en schiep de jonker, schonk hem een onbezorgde jeugd, bezorgde hem een touw, waarmee hij zich ophing aan een tak.

    Deze tak knapte niet.

DE HARDE BORSTEL

§

Klein Franske woonde met zijn ouders in een mijnstadje. Zijn vader was kompel, zoals alle mannen in de streek, zijn moeder deed de was voor de vrouw van de kolenmijndirecteur. Elke zaterdagavond schrobde zijn moeder Klein Franske schoon met de harde borstel en carbolzeep in de grijze teil. Het hete water kwam uit een grote ketel die altijd op het fornuis stond te dampen. Soms was het water te heet en schreeuwde Klein Franske het uit.

Op zaterdagavond zat zijn vader in de kroeg met de andere kompels en bedronk zich. Als zijn vader laveloos thuiskwam verstopte Klein Franske zich en hoorde, bevend van angst in zijn schuilplaats, hoe zijn vader zijn moeder sloeg.

Het jaar verliep eentonig, alleen de wintermaanden vormden een uitzondering. Als de winter aanbrak streken de rondreizende kunstschilders neer in het mijnstadje. Ze kwamen van de wijngaarden in het zuiden, vele dagmarsen ver, schildersezels en schilderskisten op hun rug, begeleid door zwermen kraaien boven hen in de lucht. Ze droegen baarden, flambards en foulards. Ze vonden onderdak bij de bewoners van het mijnstadje en schilderden het mijngebied, de kompels, de vrouwen achter de wastobbe, de mijndirecteur en zijn echtgenote, de kroeg en de mijnkanarie.

De schilder met de rosse baard, die was ingetrokken bij Klein Franskes ouders, schilderde Klein Franskes portret.

De winter ging voorbij. De schilders pakten hun spullen en verlieten het mijnstadje. Ze trokken verder, het voorjaar tegemoet, naar het gebied van de grote rivieren, de aken, de bruggen, de uiterwaarden, het groene gras en de blauwe luchten.

Als dank voor het geboden logies liet de schilder met de rosse baard behalve een paar grijpstuivers ook Klein Franskes portret achter in de mijnwerkerswoning.

Jaren gingen voorbij. Klein Franske ging op zijn beurt in de mijnen werken. Zijn ouders stierven, zijn vader het eerst. Klein Franske was al van middelbare leeftijd, toen de mijnen werden gesloten en hij naar huis werd gestuurd met een karig pensioentje, waar hij maar net van kon leven.

Op een dag kwam er een brief uit de grote stad. Daarin kondigde een hooggeleerde heer zijn bezoek aan Klein Franskes woning aan. Onderzoek had uitgewezen dat een beroemde schilder (zijn naam zei Klein Franske niets, maar het moest de schilder met de rosse baard zijn geweest) in de woning van Klein Franskes ouders had vertoefd. Daar wilde de stadse meneer graag meer van weten.

Het portret dat de schilder met de rosse baard van Klein Franske had gemaakt stond al jarenlang in het schuurtje. Klein Franske haalde het tevoorschijn, de avond voor de heer langs zou komen. Het was behoorlijk vuil geworden.

Klein Franske begon het schoon te maken.

Met de harde borstel en carbolzeep. In de grijze teil.

VLIEGLES

§

In de vroege ochtend – Vernon sliep nog – had de gemeente een put gegraven vlak voor zijn huisdeur, waar hij nietsvermoedend in tuimelde, toen hij later op de ochtend de deur uit ging om naar zijn wekelijkse vliegles in het park te gaan.

Magda, zijn overbuurvrouw, stond toevallig voor het raam naar buiten te kijken en aan niets te denken, toen ze het zag gebeuren. Ze sloeg haar hand voor haar mond, slaakte een gilletje en rende naar buiten. Tot op borsthoogte was Vernon in het gat verdwenen. Magda reikte hem een hand en hielp hem het gat uit.

'Heb je niets gebroken?'

Vernon sloeg het zand van zijn kleren en inspecteerde zijn ledematen.

'Nee, zo te voelen niet.'

'Kom even bij me binnen een kopje koffie drinken voor de schrik.'

'Nee, dank je, ik heb een afspraak en ik ben al laat,' zei Vernon. 'Maar ik houd je aanbod graag te goed.'

Bij de ingang van het park was de gemeente bezig een gat te graven. Vernon liep eromheen, ging het park in en liep met gezwinde pas door tot hij bij de speelweide kwam.

Daar stond zijn vlieginstructeur de kapitein b.d. Verdomd ongeduldig op hem te wachten.

'U bent laat,' zei de kapitein b.d. Verdomd. 'Stiptheid is een fundamenteel onderdeel van de aviatiek. Laat het niet meer voorkomen.'

'Ik ben in een gat gevallen,' zei Vernon.

'Quatsch,' zei de kapitein b.d. Verdomd. 'Nou, laat maar eens zien. We beginnen waar we vorige keer gebleven waren.'

Vernon stelde zich aan de rand van de speelweide in de starthouding op.

'Voor vrij, contact!' riep de kapitein b.d. Verdomd.

Vernon zette het op een rennen. Al spoedig was hij in volle vaart. Op het toppunt van zijn snelheid gekomen spreidde hij zijn armen, maar hij kwam niet van de grond.

'Hoe vaak heb ik het u niet gezegd?' zei de kapitein b.d. Verdomd hoofdschuddend. 'U moet uw armen van het begin af aan gespreid houden. En u maakt niet genoeg vaart.'

Vernon zette het opnieuw op een rennen en opnieuw kwam hij niet van de grond.

'En wat zijn we deze keer vergeten?' zei de kapitein b.d. Verdomd.

'Ik weet het niet,' zei Vernon.

'Uw handen! Halverwege de baan uw handen kantelen, uw handpalmen schuin tegen de wind in. That's an order.'

Vernon herhaalde zijn pogingen nog een aantal keren met steeds hetzelfde resultaat. Bij de laatste keer draafden er opgewonden blaffende hondjes met hem mee.

'Genoeg voor vandaag,' zei de kapitein b.d. Verdomd. 'Het probleem is uw startsnelheid, of liever, het gebrek eraan. U ontwikkelt niet voldoende vermogen.'

Vernon betaalde zijn instructeur voor de les. Bij het afscheid gaf deze hem hardloopoefeningen voor thuis mee.

'Volgende week, zelfde tijd. On the dot.'

'Roger,' zei Vernon.

Hij liep het park uit en zag dat het gat in de grond bij de ingang weer was dichtgegooid. Waar dacht de gemeente mee bezig te zijn?

Ook het gat voor zijn huisdeur was gedicht. De gemeentelijke grondwerker had een paar werkhandschoenen op de stoep achtergelaten. Vernon nam ze mee naar binnen. Wie weet zouden ze als bewijs kunnen dienen voor een eventueel proces tegen de gemeente. Maar dat was van later zorg. Hij kon zich nu beter op de vliegerij concentreren.

Hij nam de hardloopoefeningen voor thuis door. De kapitein b.d. Verdomd had de afmetingen van zijn huis overschat. De kamers waren niet groot genoeg en ook de gang was te kort om enige snelheid te kunnen ontwikkelen. Op zijn best kon hij er zich bekwamen in het starten, mits hij de keukendeur liet openstaan.

Hij keek naar buiten en zag de oplossing voor zijn probleem. Anders dan in zijn deel van de straat liepen de daken van de huizen aan de overkant in elkaar over. De enige obstakels waren de schoorstenen, maar de daken waren breed genoeg om die te ontwijken. Al met al vormden ze een ideale startbaan. Strikt genomen was het weliswaar niet 'thuis', maar nood brak wetten.

Zijn blik dwaalde af naar beneden. Voor het raam van haar etage stond Magda, zijn overbuurvrouw. Ze wenkte hem uitnodigend en hij herinnerde zich haar aanbod van die ochtend.

Vernon knikte en gebaarde dat hij eraan kwam.

'Koffie of wil je liever iets anders?' vroeg Magda.

Vernon keek op zijn horloge en zag dat ze al halverwege de middag waren. Hoe de tijd vliegt!

'Iets anders.'

'Iets sterkers?'

'Wat heb je in huis?'

Het assortiment bestond uit rode wijn, witte wijn, een flesje likeur en whisky.

'Whisky,' zei Vernon zonder aarzelen.

Zelf nam Magda een likeurtje.

Hij kende Magda op de oppervlakkige manier waarop je buurtgenoten kent. Je wist elkaars voornaam en groette elkaar op straat. Soms, op weg naar iets anders, had je een gesprekje met elkaar, meestal over de onbegrijpelijke daden van de gemeente en dat ze daar een gezamenlijk protest tegen moesten indienen. Iemand moest het initiatief nemen. Maar wie?

Ze keken elkaar aan en Magda schonk nog eens in. Beter dan ze nu deden hadden ze niet te doen.

'Weet je, bij whisky moet ik altijd aan mijn opa denken,' zei Vernon.

'Was hij een whiskydrinker?'

'Ja. Mijn opa was piloot bij de Royal Air Force. Hij is neergeschoten tijdens de Slag om Arnhem. Daar ontmoette hij een Arnhems meisje, mijn grootmoeder. Ik hield veel van hem.'

Ze klonken op Vernons opa.

'Om hem te eren neem ik vlieges. Daar was ik vanochtend op weg naartoe,' zei Vernon.

'Goh,' zei Magda. 'Wat goed van je.'

'Het is een zware opleiding,' zei Vernon. 'Er komt veel bij kijken. Het opstijgen heb ik nog lang niet onder de knie.'

Magda was onder de indruk.

'Kom, ik geloof dat ik maar eens op moet stappen,' zei Vernon na de derde whisky.

'Ach, blijf nog even,' zei Magda.

Het was avond, toen Vernon de vraag stelde die hem al een hele tijd op de lippen brandde.

'Zou ik even bij je op het dak mogen kijken?'

'Ja, natuurlijk. Maar waarom?'

Vernon legde uit waarom.

Even later stonden ze op het dak. Vernon zag dat hij zich niet had vergist: voor hem tekende zich de ideale startbaan af.

Hij stelde zich in postuur voor een proefoefening, die, wie weet, misschien wel zou leiden tot zijn eerste proefvlucht. Dat kon hij beter voorkomen, zolang hij niet had geleerd hoe te landen.

Staande in de starthouding merkte hij dat hij een beetje duizelig was. En de whisky was in zijn benen gezakt.

'Wil je me een duwtje in mijn rug geven, zodat ik op gang kom?' vroeg hij Magda.

Ze gaf hem een duwtje. Hij kwam op gang, maar na een paar meter zwenkte hij af van zijn baan en botste tegen een schoorsteen.

Magda snelde toe en hielp hem overeind. Hun lichamen maakten contact. De vonk sloeg over. Ze kusten elkaar.

Van het een kwam het ander op dat dak. In Magda's armen kreeg Vernon vleugels. Hij steeg op en vloog met haar de sterren tegemoet. In het besef dat hij nooit hoger zou kunnen komen, meldde hij zich de volgende dag volgens voorschrift af bij de kapitein b.d. Verdomd.

DE ZELFKANT

§

Ikzelf vind dit of dat. Gemakkelijk gezegd, maar het is nog niet zo eenvoudig om ikzelf te zijn. Wie is dat eigenlijk? Als je erover nadenkt, raak je steeds verder van huis. Ikzelf wil best toegeven dat hijzelf er geen wijs uit wordt.

Je moet het toch maar de hele dag volhouden om ikzelf te zijn, want anders ben je jezelf niet meer.

En denk eens aan de koningin: altijd maar wijzelf. Die komt niet eens aan ikzelf toe.

Ikzelf zou wel eens zichzelf willen zijn.

GLACIAAL

§

Het was die winter zo koud dat de ijskast niet aan hoefde. Dat kwam goed uit. Charles en Cora konden de eindjes maar nauwelijks aan elkaar knopen en zo bespaarden ze in elk geval iets op de elektriciteit. Cora, die over het huishoudboekje ging, werd erdoor op een idee gebracht. Als ze zich dik zouden kleden konden ze de verwarming uitzetten, wat een aanzienlijke bezuiniging tot gevolg zou hebben.

Charles zei 'brrrr', bij de gedachte alleen al.

'Koukleum,' zei Cora, die in het hoge Noorden was opgegroeid en de Elfstedentocht had gereden.

Om een conflict uit de weg te gaan gaf Charles Cora haar zin en trok dikke kleren aan. Het hielp niet erg. Dag en nacht had hij het koud. Toen hij een keer alleen in huis was, zette hij stiekem een straalkacheltje aan, verwarmde zijn handen en liet de ijspegel aan zijn neus smelten. Het smeltwater droop in het kacheltje en de stoppen sloegen door. Nu zaten ze ook nog zonder licht. Hij probeerde nieuwe stoppen in te draaien, maar slaagde er niet in. Zijn vingers waren te dik en te lomp geworden, omdat hij drie paar handschoenen over elkaar droeg.

'Geeft niet,' zei Cora. 'In ons eigen huis vinden we onze weg ook in het donker wel. Betalen we straks alleen nog vastrecht. Nog even doorzetten en dan is het voorjaar.'

's Nachts vonden ze geen warmte bij elkaar. Hun dikke kleren, die ze ook in bed droegen, verhinderden ieder lichamelijk contact. Zo groeiden ze uit elkaar.

Aan de winter kwam maar geen einde. Het bericht dat de nieuwe ijstijd was aangebroken bereikte hen niet, omdat de radio niet werkte, sinds de stoppen waren doorgeslagen.

Eens zouden ze gevonden worden, van elkaar afgewend op bed, bevroren tranen op hun gezicht.

HET EXCUUS

§

Een avond sleepte Chris zijn vriend Manus mee naar het verjaardagsfeestje van Lili, de vriendin van Chris.

'Dan ben je er eens uit,' zei Chris.

Manus zag niet veel in dat feestje. Hoewel hij Lili nooit had ontmoet, mocht hij haar ongezien niet. Ze legde te veel beslag op zijn vriend. Maar omdat Chris zo aandrong en hij hun vriendschap niet in gevaar wilde brengen, ging hij mee naar Lili's appartementje, eenhoog met traplift.

Het liep niet goed af. Dat bleek de volgende ochtend aan het ontbijt, toen Chris hem met boze woorden benaderde.

'Hou op, ik wil het niet horen,' zei Manus en stopte zijn vingers in zijn oren. Maar hij had het al gehoord. Hoe zou hij anders weten wat hij niet wilde horen? Manus had hij zich misdragen op het feestje. Met een glas te veel op had hij de jarige Lili beledigende dingen toegeroepen.

'Lieve Lili, die nog geen kip kwaad zou doen,' zei Chris.

'Ik herinner me weinig van de avond, maar wel dat er hapjes waren en een van die hapjes was kipsaté,' zei Manus.

'Doe niet zo melig,' zei Chris geërgerd, 'het siert je niet op je ouwe dag. Ik wil dat je Lili je excuses maakt.'

Melig betekende flauw en grappig tegelijk, wist Manus. Hij had een cursus Woordvaardigheid gevolgd op het Instituut Van Dale. Dat was in de dagen van olim. Toen de kippetjes keurslijven droegen, legde meneer Van Dale uit. In elk geval een eeuwigheid geleden. De cursus werd 's avonds gegeven, zodat de vooruitstrevende werkman zich, na gedane arbeid in magazijn of fabriek, kon bijscholen met het oog op verheffing van zijn stand.

Na de les fietste Manus terug naar het Volkshuis, waar werkmensen voor weinig geld een kamertje konden huren.

Het voorjaar ging over in de zomer, de straatlantaarns floepten steeds later aan. Hij fietste met Hortense, die ook op cursus was. Ze dronken een kogelflesje ranja bij een uitspanning. Ze hielden elkaars hand vast. Ze waren jong en wilden wat, maar er kon niets van komen, want gasten waren na tienen niet toegestaan in het Volkshuis en Hortense woonde bij haar ouders. Daar kon Manus na al die tijd nog droevig over zuchten.

'Je leeft in het verleden,' had Chris een keer gezegd toen ze hun namiddagneutje dronken in het Tehuis voor Bejaarden, waar ze elkaar hadden ontmoet en vrienden waren geworden.

'Is er iets anders voor ons?' vroeg Manus.

'Natuurlijk. Elke dag is er toekomst,' meende Chris.

Chris bleef na het avondeten in het tehuis niet voor de beeldbuis plakken, hij ging de stad in, waar hij lezingen bijwoonde en toneelvoorstellingen bezocht. In de pauze van de *Midzomernachtsdroom* was hij in gesprek geraakt met Lili. Ze bevielen elkaar. Soms kwam Chris pas na middernacht thuis, één nacht, niet lang voor Lili's feestje, zelfs helemaal niet. Manus voelde zich de mindere man. Voor hem geen Lili.

De herinnering aan Hortense, die getrouwd was met een man die wel na tienen gasten mocht ontvangen, had tot resultaten leidende omgang met andere vrouwen voor Manus onmogelijk gemaakt. Er was nog een Stans in zijn leven geweest, die een betrekking had op het kantoor van de jamfabriek waar hij als voorwerker zijn brood verdiende. Hij had gevoelens voor haar en het leek erop dat Stans die beantwoordde. Maar iedere keer dat ze elkaar in de ogen keken, schoof het beeld van Hortense zich tussen hen in. Hortense, haar blonde haren golvend langs haar gezicht, het verlangen in haar blik op die mooie, lauwe lente-avonden. Hij had er niet aan voldaan. Ten slotte legde hij zich neer bij zijn vrijgezellenlot.

'Kun je het niet namens mij doen?' vroeg Manus aan het ontbijt. 'Ik ga na het avondeten liever niet de deur uit.'

'Nee,' zei Chris definitief.

Manus beloofde Chris met hem mee te gaan om Lili zijn excuses aan te bieden. Er zat niets anders op.

'Het wordt niet moeilijk,' zei Chris, 'Lili heeft een hart van goud.'

'Waar gaan we naartoe?' vroeg Manus.

'Naar een lezing over het existentialisme. Daar is Lili ook,' zei Chris.

'Een lezing over wát?'

'Het ex-is-ten-tia-lis-me,' spelde Chris.

Gooi het maar in mijn pet, dacht Manus.

'Nu ga ik even rusten,' zei Chris.

Niets voor Chris, rusten na het ontbijt.

Chris zag bleek. Het ging niet goed met hem. 's Middags kwam de dokter erbij. Terwijl de dokter zijn pols opnam, stierf Chris aan een hartaanval. De dood was snel gekomen en toch nog onverwachts. Had hij een lievelingsbloem?

Er waren niet veel mensen op het kerkhof. Manus natuurlijk en een paar anderen uit het tehuis. En Lili met een boeketje vergeet-me-nietjes. Nu moest Manus aan Chris' laatste wens voldoen en het goedmaken met Lili. Hij liep naar haar toe tot hij zo dichtbij was gekomen dat hij haar in de ogen kon kijken.
   'Hortense,' zei hij, 'het spijt me zo.'

TWEE SCHILDERIJEN EN EEN BEELDHOUWWERK

§

1. Muisgrijs op de achtergrond wil zich naar voren dringen. Kwastsporen van roestbruin verzetten zich hiertegen. Door alles heen een niet wijkend vermoeden van loodblauw.

2. Deze gaat met horizontale strepen en dan is er zo halverwege een glasvlek en dan weer andere strepen, ditmaal iets breder en verticaal, en een soort niet helemaal ronde vorm.

3. Een plaatstalen oneffenheid in een hoek.

Ongesigneerd door iemand die niet wil weten wie hij is.

GEDICHT

Mink Muze loopt zijn gedicht nog eens na. Eerst de straat met de hoge bomen, die tot in de hemel reiken. Dan de hoek om waar de verlangende vrouw achter de spiegelruit staat, wellustig gebarend, dan het niets van een kale vlakte, die eindeloos lijkt. In die vlakte raapt hij een schelp op, waarin de zee ruist.

Er klopt iets niet in het gedicht.

Met de schelp in zijn hand loopt hij het gedicht terug. Hij laat de vlakte achter zich. In de spiegelruit ziet hij nu slechts zijn eigen gezicht, de vrouw is verdwenen. En daar zijn de hoge bomen weer. De zee ruist nog in de schelp.

Zo is het goed.

Nou ja, beter.

BLAUW BLOED

§

Op een dag sneed Hans Vlaag zich gemeen bij het scheren. Uit de wonde welde bloed op. Het was blauw bloed.

Hij riep zijn vrouw Judith erbij. Beiden keken ze bezorgd naar zijn bloed, toen klaarde Judiths gezicht op.

'Misschien ben je wel een royal!' riep ze opgewonden uit.

'Onzin,' zei Hans, 'mijn vader was metaalarbeider. Ik ben van fatsoenlijke proletarische afkomst.'

Toch begon hij te twijfelen. Er waren in de wereld wel gekkere dingen vertoond. En het had zijn voordelen om blauw bloed te hebben. Overal paleizen, gratis vliegen en je betaalde geen belasting.

Om er zeker van te zijn dat zijn bloed blauw was en het geen toeval was geweest of een eenmalig optredend verschijnsel, sloeg hij zichzelf een bloedneus. Ja hoor, stromen blauw bloed. Was hij dan toch een royal?

Hij schreef een brief aan de koning. Kon het zijn dat ze familie waren?

De koning schreef meteen terug, beducht voor kapers op de kust. Er was hem niets van bekend. In zijn stamboom kwam de naam Vlaag niet voor. De mogelijkheid dat Vlaag afstamde van een onecht kind van een koninklijke voorvader was uitgesloten, daar men in zijn familie niet buiten de pot piste. Trouwens, te uwer informatie, het bloed van de koning was rood.

Bij een latere geschiedschrijver lezen we: 'Het feit dat het koninklijke bloed rood was leidde tot consternatie in huize Vlaag. De kans dat Hans tot de klasse der royals behoorde leek tot nul gereduceerd. Hans was aanvankelijk bereid zich hierbij neer te leggen, maar Judith dacht er heel anders over. Ze wilde haar dromen van een hofleven, met alles wat dat inhield aan pracht en praal, niet zomaar opgeven. Gevoelig voor haar invloed herzag Hans zijn laconieke houding.

Het had geen zin om de koning opnieuw te schrijven. Allereerst moest hij ervoor zorgen dat er om op gelijke hoogte met de koning te komen rood bloed door zijn aderen vloeide. Hij overwoog een tijdje zich te bekwamen in de wielersport, zodat bloeddoping binnen zijn bereik kwam te liggen. Hij schafte zich een racefiets aan en begon vlijtig te trainen, met Judith op haar scooter als gangmaker. Na een noodlottige botsing met een stoeprand, die levenslange mankheid tot gevolg had, gaf hij zijn pogingen op. Met wielrennen zou hij zijn doel niet bereiken!

Weer was Hans geneigd het hierbij te laten, maar Judiths constante pressie bracht hem tot een ander inzicht. Van belangrijke invloed was ook dat Judith, alvast vooruitlopend op de door haar gewenste gebeurtenissen, hoge kosten aan het maken was (zie 1). Onder zware druk werd alles vloeibaar: Hans kreeg de geniale ingeving om het nadeel van zijn blauwe bloed in zijn voordeel om te buigen. Hans besloot de politiek in te gaan.

Hoe Hans Vlaag het van deelraadslid tot dictator schopte, vereist een aparte studie, waarvoor we verwijzen naar dr. Oliekoeks haastwerkje *Van monarchie naar dictatuur* (zie 2), dat lang niet uitputtend is, maar waarin de voornaamste gebeurtenissen in elk geval opgesomd worden.

Zoals we weten duurde het bewind van dictator "Mankbeen" amper drie weken. Zijn onverwachts overlijden maakte een einde aan een merkwaardige episode in onze nationale geschiedenis. In de hem gegeven korte tijd vaardigde Mankbeen slechts één maatregel uit: de verbanning van de koning die hem zo lang in de weg stond. Onze geliefde vorst, hoera, hoera, is thans weer in zijn paleis teruggekeerd. Zijn eerste edelmoedige daad was Judith Vlaag gratie te verlenen (zie 3).

Een medische onderzoekscommissie constateerde als doodsoorzaak van Hans Vlaag "acute bloedarmoede".'

1. Aanmaning hofleverancier 'Statiejaponnencouture'.
2. *Van monarchie naar dictatuur*. Hoofdstuk 3: 'Het verraad van de legertop'.
3. Mevrouw Vlaag is thans werkzaam als verstelnaaister. Tevens vrijwilligster van de Bloedtransfusiedienst.

VOETBAL

§

Wim en Rik kwamen vaak bij elkaar over de vloer en dan hadden ze het over voetbal. Hun vrouwen, Ilona en Thera, hoorden die gesprekken zuchtend aan.

'Als jullie de volgende keer weer over voetbal gaan zeuren, gaan wij naar het café. We willen ook wel iets aan onze avond hebben,' zeiden ze een keer, toen het ze te veel werd.

'Goed hoor,' zeiden Wim en Rik. 'Maar we kunnen ook mee naar het café.'

'Geen sprake van. Dan hebben jullie het daar over voetbal.'

Wim en Rik haalden hun schouders op en zetten hun gesprek over voetbal voort.

De echte held was de keeper, vonden ze. Die stond er maar in z'n eentje voor. Als ze nog jong waren, dan zouden ze het wel weten, dan zouden ze doelverdediger geworden zijn, reken maar. Hoewel goaltjesdief ook niet te versmaden was.

'Die gaat vaak met de eer strijken,' was Wims bezwaar. 'Eer die eigenlijk de gever van de splijtende pass toekomt. De goaltjesdief hoeft de bal er dan alleen maar in te tikken. En het doelpunt van een goaltjesdief is niet zelden een frommelgoal. Een kwestie van geluk, niet van kunde.'

'Geluk moet je afdwingen,' zei Rik. 'Op het juiste moment op de juiste plaats staan. Dat is het genie van de goaltjesdief.'

De rol van de middenvelder die kansen creëert moest natuurlijk niet onderschat worden. Kansen creëren was heel belangrijk in het voetbal. Als er in een match geen kansen gecreëerd werden, maakte je niet veel kans.

Zo analyseerden ze lustig voort, terwijl Ilona en Thera met stijgende tegenzin voor de hapjes en drankjes zorgden.

De volgende keer brak aan.

Wim en Rik waren het er juist over eens geworden dat er veel afhing van een sterke verdediging, zonder sterke verdediging was je nergens, toen Ilona en Thera elkaar vastbesloten aankeken, hun haar borstelden, zich opmaakten en naar het café vertrokken.

'Tot straks,' riepen Wim en Rik hen na. De buitenspelval is een onding en de meeste grensrechters hebben stront in hun ogen.

In het café lieten Ilona en Thera zich aanspreken door twee knappe, jonge gasten. Het werd erg gezellig. Al snel gingen de jonge gasten over tot liefkozende handtastelijkheden, die Ilona en Thera zich lieten welgevallen. Wel wilden ze weten wat de jonge gasten in het dagelijks leven deden.

'Wij zijn voetballers.'

De een was goaltjesdief, de ander doelverdediger.

'Wij zijn voetballers, maar vanavond niet. Vanavond gaan we met jullie naar het hotel hiernaast.'

Zo gezegd, zo gedaan.

Het was laat in de avond toen Ilona en Thera thuiskwamen. Wim en Rik hadden juist, na langdurig gepuzzel en geharrewar, hun sterrenelftal samengesteld.

'Daar zijn de dames weer,' riepen ze uit. 'Hoe was 't?'

'We hebben gescoord,' zeiden Ilona en Thera.

ROKEN

§

Stoppen met roken, maar hoe? Van de ene dag op de andere zou Theo nooit opbrengen, wist hij nu al. Het zou geleidelijk aan moeten gebeuren. Hij zou bijvoorbeeld iedere dag een sigaret minder kunnen roken, dan was hij er in pakweg een maand vanaf. Ja, dat was misschien de goede aanpak.

Hji legde zijn plan voor aan zijn vrouw. Estrella keek verheugd op. Tot nu toe was het onderwerp 'stoppen met roken' onbespreekbaar geweest.

'Dan hou ik er ook mee op,' zei ze. 'Doen we het samen.'

Het roken van Estrella kon je nauwelijks roken noemen. Ze rookte twee, hooguit drie sigaretten per dag. De eerste stak ze op als ze gezellig voor de televisie zaten in het begin van de avond. Ze keken naar *RTL Boulevard*, omdat Estrella dat graag wilde. Het programma bracht Theo iedere keer in een aan het uitzinnige grenzende staat van ergernis en ongeduld. De presentatoren en de Bekende Nederlanders die altijd maar dolle pret met elkaar hadden. De hoofdpresentator, van wie de valsheid, ijdelheid en het eigenbelang afdropen. Tijdens het uur dat het programma duurde, steeds onderbroken door reclame voor producten die ze nooit zouden kopen, joeg Theo, op van de zenuwen, er in hoog tempo de ene sigaret na de andere door.

Daarna gingen ze aan de maaltijd. Na afloop stak Estrella haar tweede sigaret op. En soms, als het natafelen lang duurde, een derde. Als ze Theo's methode volgden, zou Estrella al na drie dagen haar laatste sigaret roken, terwijl Theo dan nog zevenentwintig dagen voor de boeg had voor het moment was aangebroken dat hij zijn laatste sigaret opstak. Van 'samen stoppen' was dus geen sprake. Na drie dagen zou hij er alleen voorstaan.

Met ijzeren discipline, die het uiterste van hem vergde, hield Theo vast aan zijn schema. De dag van de laatste sigaret brak aan. Het roken ervan stelde hij uit tot vlak voor ze gingen slapen. Veel te gauw was de sigaret op. Estrella was extra lief voor hem die nacht.

De volgende dag strekte zich een eindeloze leegte voor hem uit. Warrig ging hij de dag door. Zijn humeur was execrabel en de dagen erop kwam daar geen verbetering in. Zijn werk leed eronder, hij dacht de hele dag aan roken. Hij weigerde eens en voorgoed om nog langer gezellig naar *RTL Boulevard* te kijken. Natafelen schafte hij af. Ruzies met Estrella waren niet van de niet meer naar sigarettenrook geurende lucht. Vaak sliep Theo 's nachts op de bank.

'Ga alsjeblieft weer roken,' zei Estrella op een dag. 'Je rothumeur zit me tot hier.'

Om zijn huwelijk te redden begon Theo weer te roken. Het roken had nu een doel gekregen. Alleen pakte hij het nu anders aan. De eerste dag één sigaret, de volgende dag twee. Langzaam opbouwen tot hij de dertig had bereikt. En dan weer afbouwen tot de laatste, die tegelijkertijd de eerste was.

En *RTL Boulevard* was eigenlijk een heel goed programma.

BROER EN ZUS

§

De rechtenstudent Nico liep de bioscoop uit. Buiten regende het. De film die hij zojuist had gezien eindigde ook met iemand die ergens uit liep. Alleen regende het in de film buiten niet, maar scheen er een stralende zon, die waarschijnlijk een veelbelovende toekomst moest verbeelden. Dat was de hoofdpersoon gegund, want hij had een hoop ellende achter de rug. Het waarom van die ellende (echtelijk conflict, een poging tot moord en een mislukte bankroof) was Nico niet duidelijk geworden, omdat de film al tien minuten aan de gang was toen hij de zaal in kwam, zodat hij het begin had gemist. In het begin was het einde vervat. Je moest het begin weten om het einde te kunnen begrijpen. En dan nog.

Dat hij het begin van de film had gemist kwam doordat hij verlaat was. Hij was op bezoek geweest bij zijn vader, die al een maand lag te sterven in een ziekenhuis aan de rand van de stad. De bioscoop lag in het centrum. Nico wilde ernaartoe omdat de film in de krant vier sterren had gekregen.

'Jezus, wat een verrassing,' zei Katinka toen hij de ziekenkamer binnenkwam. 'Dat je je vader met een bezoek vereert.'

Katinka was Nico's oudere zus. Een keer toen ze jong waren had hij haar gadegeslagen door de halfopen deur van haar slaapkamer. Ze stond naakt voor de spiegel en streelde haar borstjes. Voor het eerst in zijn leven zag hij een naakte vrouw – een verstild beeld van lieflijkheid dat hij nog altijd op kon roepen.

'Ik ben vorige week nog geweest.'

'Ik ben hier elke dag,' zei Katinka.

'Daar heb ik geen tijd voor. Trouwens, hij merkt er toch niets van.'

'Dat weet je niet. Waarom ben je zo hard?'

Daar had hij geen antwoord op. Dat hij bang was voor de nabijheid van de dood durfde hij haar niet te bekennen. Dat hij liever weg wilde om naar een film te gaan nog minder. Wat had het voor zin om naar een stervende man te kijken, ook al was die man zijn vader?

Katinka zag er slecht uit. Haar anders zo glanzende haar was dof. Wallen onder haar ogen. De aandacht die Nico niet voor zijn vader wilde opbrengen, had hij nu wel over voor zijn zus.

'Gaat het wel goed met je?' vroeg hij.

Ze haalde haar schouders op, wierp een blik op hun vader.

'Wat wil je? Niet zo goed, nee.'

'Misschien moet je hier niet zo vaak komen. Sla eens een dag over.'

'Dan zou ik de hele dag aan hem denken. Iemand moet toch bij hem zijn.'

Nico zweeg. Hij haalde diep adem en overwon iets in zichzelf.

'Als ik je beloof dat ik morgen kom, dan kun jij thuisblijven.'

'Lief van je, maar nee.'

Het bleef een tijdje stil.

'Thuis... wat moet ik thuis?' zei Katinka. 'Jack bedriegt me.'

'De klootzak,' zei Nico.

'Ik kan hem wel vermoorden,' zei Katinka. 'Ik kan z'n schijnheilige gezicht niet meer verdragen. Het is een fase, zegt hij. Ik moet hem erdoorheen helpen. Ik lijk wel gek dat ik nog elke dag voor hem kook.'

'Ga bij hem weg.'

'Ik houd al zo lang van hem dat het moeilijk is om er opeens mee te stoppen.'

Vader maakte een hikkend geluidje. Katinka boog zich bezorgd over hem heen en veegde wat speeksel weg dat uit zijn mond was gedropen. Nico keek benauwd en onbeholpen toe.

'Als je weg wilt, ga dan maar,' zei Katinka.

'Zal ik met Jack praten?'

Katinka nam niet eens de moeite erop in te gaan.

In de film werd de hoofdpersoon door zijn vrouw bedrogen. Dat gebeurde halverwege de film. Ze deed dat natuurlijk niet zomaar. Er moest een aanleiding voor zijn geweest, die natuurlijk in het begin van de film duidelijk was gemaakt, maar het begin had Nico gemist. De hoofdpersoon had een ingewikkeld plan gemaakt om zijn vrouw te laten vermoorden door een huurmoordenaar en voor een huurmoordenaar was veel geld nodig en dat had hij niet. Vandaar de bankroof. Toen hij de stralende zon in liep kwam hij uit de gevangenis. Eigenlijk was het een kutfilm.

Drie jaar eerder was Katinka met Jack getrouwd. Ze was toen tweeëntwintig, even oud als Nico nu was. Jack was ver in de dertig, misschien wel veertig. Hij organiseerde dansfeesten door het hele land en in België. Hij organiseerde ook het huwelijksfeest, dat door duizend bezoekers werd bijgewoond, van wie achthonderdvijftig betalend. Hij had de moeder van Katinka en Nico laten overkomen uit Brazilië, waar ze met een andere man was gaan wonen, nadat ze van hun vader gescheiden was. Dat was gebeurd toen Nico drie was. Hij had geen enkele herinnering aan haar en ontweek haar tijdens de plechtigheid op het stadhuis. Toen het huwelijk was gesloten en Katinka Jack kuste, overviel Nico het gevoel dat zijn grote zus hem was afgenomen. Van broertje was hij buitenstaander geworden.

Zijn vader was tevreden met Katinka's huwelijk. Hij vond Jack een 'goede' partij, al was hij veel ouder dan Katinka, maar Jacks leeftijd bracht wijsheid mee.

Nico had het feest vroegtijdig verlaten, vol wrok jegens Jack, zich een weg banend tussen de wildvreemde feestgangers door die een kaartje hadden gekocht om het huwelijk van zijn zus bij te wonen, maar toch vooral aangelokt door het optreden van een beroemde Engelse popgroep.

De regen bleef maar vallen. Nico liep over straat, bestormd door de warrige gegevens van het leven. Naar het begin van dat leven kon hij alleen raden. Het einde was zeker – zie zijn vader –, maar voor Nico nog zo ver weg dat het geen moeite kostte om het voorlopig op afstand te houden. In de tussentijd, zo nam hij zich voor, zou hij voor

Katinka zorgen. Moest Jack wel eerst uit haar leven verdwijnen. Hem vermoorden gaf geen pas als rechtenstudent. En hoe zou hij vanuit de gevangenis voor Katinka kunnen zorgen?

Hij moest zijn tijd beiden, het verstilde beeld van haar lieflijkheid voor ogen.

O.B.N.

§

'Geachte heer, bij de jaarlijkse controle (onder notarieel toezicht) van onze administratie bleek dat u niet op onze lijst van Bekende Nederlanders voorkomt. Gelieve dit verzuim binnen een week goed te maken. Bij langer in gebreke blijven, zullen wij ons genoodzaakt zien maatregelen te treffen. Uw jaarlijkse bijdrage à € 1.000,– zien wij per omgaande tegemoet. Hoogachtend, Buro Top.'

'Geacht Buro Top, uw schrijven las ik met lichte verbijstering. Ik heb geen wens om Bekende Nederlander te zijn of te worden. Hoogachtend, Onbekende Nederlander.'

'Geachte heer, kennelijk heerst er bij u een misverstand. Uw wens doet niet ter zake. Bij Omroepbesluit zijn wij gemachtigd om vast te stellen wie er wel of geen Bekende Nederlander is. Gelieve binnen twee (2) dagen aan de voorwaarden, zoals in ons eerder schrijven gesteld, te voldoen. Achtend, Buro Top.'

'Buro Top, u kunt de pot op. O.B.N.'

'Geachte heer, uw reactie noopt ons thans over te gaan tot de in ons eerder schrijven genoemde maatregelen. Deze bestaan uit een onaangekondigd bezoek ten uwent van Gordon, Patricia Paay en Frans Bauer. Buro Top.'

'Geachte heer, uw bijdrage à € 1.000,- in goede orde ontvangen. Buro Top.'

MEIBOOM

§

Tijn had lang over de aarde gelopen, zo lang dat hij de tel van de dagen en de maanden was kwijtgeraakt. Maar nu, aangekomen in een groen landschap, zag hij het: hei, 't was in de Mei! In het midden van het landschap stond een met linten en kransen versierde boom die hij direct herkende als een meiboom. Eromheen dansten wat uit de verte gezien poppetjes leken.

'Hop, Marianneke, stroop in het kanneke, laat de poppetjes dansen,' begon het in Tijn te zingen. Toen hij het vrolijke spektakel dicht genaderd was zag hij zijn vergissing. Het waren geen poppetjes die daar dansten, maar levenslustige meiden van vlees en bloed. Van louter vreugde zong hij zijn liedeke nu uit volle, manlijke borst. De meiden zwierden, draaiden en tolden. Tijn had het gevoel dat hij na lange omzwervingen eindelijk thuisgekomen was. De tijd was aangebroken om zich te vestigen en een gezin te stichten.

Een van de dansdeernes, een frisse meid met rode konen, Miebeth geheten, verloor haar evenwicht bij de rondedans en vloog uit de bocht. Alerte Tijn ving haar op in zijn armen. Stroop vloeide uit haar kanneke op haar keursje. Tijn en Miebeth zochten de beschutting van een bosje op en alras kwam het tot een zoete, kleverige vereniging.

Later vertelden ze het verhaal van hun eerste ontmoeting graag aan hun kleinkinderen. In het begin vonden die het een fokking vette story, maar toen opa en oma in het bejaardenhuis zaten en het verhaal voor de zoveelste keer opdisten, zakte hun waardering tot ver onder het nulpunt. Tijn en Miebeth konden het op den duur alleen nog maar aan elkaar kwijt. Toen ze de macht over hun woorden verloren kwam ook daar een einde aan. Stroop kwam niet meer in kannekes, maar in potten van karton, en droop uit hun tandeloze monden langs hun kin in voorgebonden morsdoeken.

In de vrieskou van december overleden Tijn en Miebeth. Boven hun graf groeide geen meiboom, zelfs geen treurwilg. Van hun verhaal bleef een stofje over dat warrelt in de wind die over de aarde blaast en een ogenblik belandde op dit papier.

HET SNURKEN VAN DE BUURMAN

Soms sloeg de slaap een nachtje over. Niet iets om van wakker te liggen, want de slaap had het 's nachts druk, moest overal tegelijk zijn, en Tim had er begrip voor dat de slaap zo af en toe een bed vergat. Dat maakte hij dan de volgende nacht wel weer goed.

Het was drie uur in de nacht en Tim was klaarwakker. De slaap zou wel niet meer komen. Hij stond op, trok zijn kamerjas aan en zette zich achter zijn bureau. Door de deur heen hoorde hij zijn buurman snurken. Een te intiem geluid – alsof Tim het leven met zijn buurman deelde. Zijn buurman was een walrus van een man met een dikke pens en een enorme snor. Hij was ook een en al goedmoedigheid. Zijn snurken had iets hulpeloos. Tim besloot zich er niet aan te ergeren. Hoe zou hij dit lege, nachtelijke uur vullen?

Op het bureau lag een stapeltje brieven, die hij

al weken ongeopend had gelaten, omdat hij de inhoud ervan kon raden. Ze bevatten verzoeken om geld af te staan aan diverse goede doelen, zoals zeehonden, artsen, politieke gevangenen, hongerige kindjes in Afrika, bedreigde vogelsoorten en zielige oerwouden. Toen hij een maand geleden zijn inkomsten met zijn uitgaven had vergeleken, was hij tot de conclusie gekomen dat hij moest bezuinigen, wilde hij de komende tijd de eindjes aan elkaar kunnen knopen. Dat de goede doelen er het slachtoffer van moesten worden, bezorgde hem een schuldgevoel. De bedelbrieven lagen als een brandend verwijt op zijn bureau. Geef het roken op, ga niet aan het einde van elke werkdag naar het café, koop wat minder chocola of eet gewone biefstuk in plaats van biefstuk van de haas. Maar ja, moest hij dan ophouden met leven?

De buurman snurkte voort en het begon Tim te vervelen. Hij bonsde met zijn vuist op de muur. Er klonk een geschrokken snurkje, toen werd het stil, maar niet lang. Het snurken werd weer hervat in nog ronkender hevigheid.

Wat te doen? Aanbellen bij de buurman en klagen, alleen omdat de slaap hem een keertje had overgeslagen? Watjes in zijn oren, dat was de oplossing. Het gonzen van zijn bloed kwam in de plaats van de zaag van het snurken. Doorgaans was Tim zich niet zo bewust van de binnenkant van zijn lichaam, het raderwerk dat onder zijn huid lag en hem in leven hield. Nu was het heel dichtbij en het boezemde hem angst in. Met zijn naar binnen gerichte gehoor luisterde hij geruime tijd of hij geen onregelmatigheden bespeurde in de machinerie. Maar hoe herkende hij die? Hij was geen arts.

Hij haalde de watjes uit zijn oren. Het snurken van de buurman klonk weer voluit. Het ergerde hem niet meer. Het kwam hem voor als een teken van leven. Hij pakte zijn chequeboek en schreef een cheque uit voor een goed doel: de artsen. 's Ochtends, de buurman was al naar zijn werk, kwam de slaap aangesneld en ontfermde zich over Tim. Niemand hoorde zijn snurken.

HET WOUD EN DE STAD

❦

'Nu gaan slapen, jongens.'
'Ja, mam,' zei Wouter.
'Ja, mevrouw,' zei Kees, het vriendje dat bij Wouter logeerde.
Het werd stil in hun slaapkamer. Wouter en Kees begaven zich, gescheiden wegen volgend, richting slaap.
Wouter liep door een woud over een smal bospad met steile dalingen en steile stijgingen, langs diepe ravijnen, onzichtbaar door de weelde van het zomergroen.
Kees betrad een nachtelijke stad, een stad met spoorbruggen, fabrieken, kleine arbeiderswoningen, een woud van antennes op de daken, wolkenkrabbers met lichtreclames.
Wouter ging verder tussen twee hoge muren van dicht doorvlochten loof. Met een soort van vrees voor al het ongekende leven wierp hij dan

links, dan rechts een blik op de ondoordringbare wildernis.

Kees liep over een lange straatweg onder de wolkenkrabbers door. De lichtreclames doofden. Hij kwam terecht in een duistere buurt. Gevaar lag op de loer.

Het woud werd ijler, de hoge hemel zichtbaar. Waar het woud ophield zag Wouter de contouren van een stad.

Kees liet de laatste huizen van de donkere buurt achter zich. Voor hem verrees een woud.

'Jongens, wakker worden,' zei mam en mevrouw. Ze trok de gordijnen open.

Op de grens van het woud en de stad, in het licht van een nieuwe dag, kwamen de jongens elkaar weer tegen, hun dromen snel vergetend.